1903 · Avril. 8

Collection provenant du château d'O***

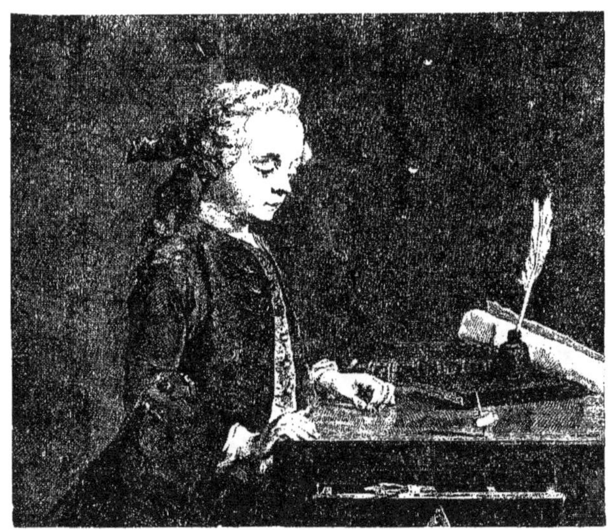

ESTAMPES

du XVIIIᵉ siècle

Vente du Mercredi 8 Avril 1903

HOTEL DROUOT, SALLE Nᵒˢ 10

Mᵉ Maurice DELESTRE
Commissaire-priseur
5, rue Saint-Georges

M. Loys DELTEIL
Artiste-graveur, Expert
22, rue des Bons-Enfants

IMPRIMERIE

DE LA

GAZETTE DES BEAUX-ARTS

8, RUE FAVART

PARIS

CATALOGUE

d'ESTAMPES

principalement de l'École Française

DU

XVIIIᵉ SIÈCLE

Dont la vente aura lieu à Paris, Hôtel Drouot, Salle Nᵉ 10

Le Mercredi 3 Avril 1903, à 2 heures précises

Par le Ministère de Mᵉ **MAURICE DELESTRE**

Commissaire-Priseur

5, rue Saint-Georges

Assisté de M. **LOYS DELTEIL**, Artiste-Graveur-Expert

22, rue des Bons-Enfants.

CONDITIONS DE VENTE

—

Elle sera faite au comptant.

Les acquéreurs paieront *dix pour cent* en sus des prix d'adjudication.

M. LOYS DELTEIL remplira les commissions que voudront bien lui confier les amateurs ne pouvant y assister ; il se réserve, en outre, la faculté de diviser ou de rassembler les lots.

MM. les amateurs pourront visiter la collection, *22, rue des Bons-Enfants*, du *Vendredi 3 Avril* au *Mardi 7*, de 10 heures à 4 heures, dimanche excepté.

CATALOGUE

ADRESSE

1. — *A la Vache noire, Rue de Grammont, n° 10*, COUPÉ *Md crémier*... Très belle épreuve. Très rare.

ALIX (P. M.)

2. — Diderot — Helvétius — Mably (abbé). Trois pièces ovales *impr. en couleurs*. Très belles épreuves.

BEAUVARLET (J. F.)

3. — Artois (le Comte d') enfant, à côté de Mademoiselle Clotilde assise sur une chèvre, d'après Drouais. Superbe épreuve.

BOSIO (d'après D.)

4. — Les Quatre coins — Les Oublis — Le Cache-cache. Trois pièces par N. SCHENCKER. Très belles épreuves, *coloriées*.

BOSSE (Abraham)

5. — Les Vierges sages — Les Vierges folles. Sept pièces y compris une copie. Belles épreuves.

BOUCHER (d'après F.)

6. — Mme Favart dans Ninette à la Cour, par Demarteau. Très belle épreuve tirée en deux tons.

7. — Pompadour Mme de), gravé à la manière noire par J. WATSON. Très belle et fort rare épreuve *avant la lettre*.

8. — Jeune fille en buste, une rose dans les cheveux, par Demarteau. Très belle épreuve *impr. en plusieurs tons*.

9. — Le Moineau apprivoisé, par R. GAILLARD. Très belle épreuve.

10. — L'Obéissance récompensée, par R. GAILLARD. Très belle épreuve.

11. — *Pense-t-il aux raisins*, par J. P. LE BAS. In-fol. Superbe épreuve.

12. — La Rêveuse, par BEAUVARLET. Superbe épreuve à toutes marges.

13. — Le Trait dangereux, par POLETNICH. Superbe épreuve.

14. — Les Amusemens de la campagne — La Musique Pastorale. Deux pièces in-fol., par J. DAULLÉ, faisant pendants. Superbes épreuves.

15. — La Pêche — La Chasse. Deux pièces in-fol., par BEAUVARLET, faisant pendants. Superbes épreuves.

CANOT (d'après)

1 . — Le Souhait de la bonne année au Grand
papa, par J. P. LE BAS. Très belle
épreuve

CARICATURES

17 — Le Bon Genre, pl. 63 — Le Suprême Bon
Ton, pl. 4. Deux pièces. Très belles
épreuves coloriées.

18. — *Les Commerces nocturnes de Paris —
L'Arbre d'amour — Le Poisson des
dames — Le Cabaret villageois — Allons
voir Martin... — La Femme ambitieuse
— Après-dînée de Gargantua — Mme Gargantua à son grand couvert — Suite et
effet du mariage de M. Richelet — La
Confrérie des cornards — Jocrisse
devenu mauvais sujet.* Onze pièces
publiées chez Martinet et Noel. Très
belles épreuves, coloriées. Ce numéro
pourra être divisé.

CHARDIN (d'après J. B. S.)

19. — Le Benedicite, par Petit (E. B. 5 C.). Belle
épreuve.

20. — Le Château de cartes, par LÉPICIÉ (11). Très
belle épreuve.

21. — La Gouvernante, par LÉPICIÉ, 1739 (24).
Très belle épreuve.

22. — La Gouvernante (24 — La Ratisseuse 46).
Deux pièces, par LÉPICIÉ. Belles épreuves.

23. — L'Inclination de l'âge, par P. L. SURUGUE
(25). Belle épreuve.

24. — Le jeune Soldat, par C. N. Cochin (30).
Belle épreuve.

25. — Le Négligé ou Toilette du matin, par J. P.
Le Bas (38). Belle épreuve.

26. — La Petite Fille aux Cerises, par C. N. Cochin 43). Belle épreuve.

27. — Le Tôton, par Lépicié (50). Très belle
épreuve du 2ᵉ état.

COSSE (d'après)

28. — *The Family's Happiness restored... —
The Family distress occasioned...* Deux
pièces, in-fol., par Clément, faisant pendants. Superbes épreuves *impr. en couleurs.*

CHENON PÈRE

29. — Le Mⁱˢ de Launay, gouverneur de la
Bastille, d'après le Cⁱᵉ Cagliostro. Belle
épreuve tirée en bistre.

COSTUMES

30. — *Gouvernante d'enfants chez des Gens de
Qualité*, par Dupin, d'après Le Clerc. Très
belle épreuve coloriée.

31. — *Vue perspective de l'intérieur de la salle
des Anciens et Costumes des Représen-
tants du Peuple français et Fonctionnaire
public* (sic). In-fol. Très belle épreuve.
Rare.

32. — Nouveaux costumes des autorités consti-
tuées, an IV. Dix pièces par Alix, d'après
Garnerey, réunies en cahier. Très belles
épreuves coloriées, à toutes marges. Rare.

DAUMIER (Honoré)

33. — Album comique : Physionomies tragiques — Physionomies tragico-classiques. Vingt et une pièces, *coloriées*.

DEBUCOURT

34. — La Rose mal défendue, 1791 (M. Fenaille 27). Superbe épreuve à toutes marges. Rare dans cette condition.

35. — Le Café ambulant (494 — Le Marchand de Galette (495. Deux pièces in-fol.. faisant pendants. Très belles épreuves, grandes marges.

DELAULNE (Étienne)

36. — Combats et triomphes : La Victoire (R. D. 283 — Combat grotesque (284) — Triomphe de Bacchus (285) — Combats d'hommes et d'animaux (286) — Mêlée d'hommes nus (287) — Combat des Centaures et des Lapithes (288). Six pièces. Belles épreuves.

DESRAIS (d'après C. L.)

37. — Promenade du Boulevart Italien, avril 1797, par E. Voysard. Superbe épreuve à toutes marges d'une estampe curieuse et très rare.

38. — Le Maître Galand, par Berthet — Le Retour de la Chasse. Deux pièces. Belles épreuves.

EDELINCK (Gérard)

39. — Louis XIV (R. D. 255). Superbe épreuve du
1ᵉʳ état, grandes marges.

EISEN père (d'après F.)

40. — La Joueuse — L'Escamoteuse. Deux pièces
par MACRET et Mᵐᵉ DUPUIS, faisant pendants.
Superbes épreuves.

ELLUIN, DUPIN, Mᵐᵉ BOIZOT

41. — Provence (Marie-Josephe-Louise, Cᵉˢˢᵉ de)
— Savoie (Marie-Louise de) — Duplant
(Rosalie) — La Ruelle (Marie Th. Villette).
Quatre pièces d'après DROUAIS, LE CLERC et
BOIZOT. Belles épreuves.

FRAGONARD (d'après H.)

42. — La Coquette fixée, par COUCHÉ et DAM-
BRUN. Superbe épreuve à toutes marges.

43. — Le Verrou, par M. BLOT. Très belle
épreuve.

FREUDEBERG (S.)?

44. — Scènes d'intérieur : Jeune Femme jouant
du clavecin — Jeune Femme jouant de la
mandoline. Deux pièces sans aucune lettre,
gravées à l'eau-forte et faisant pendants
Très rare.

45. — Jeune Femme jouant de la mandoline. Très
belle épreuve à toutes marges. Très rare.

GALLE (Philippe)

46. — *Venationis, piscationis, et aucupii typi.*
Titre et quarante-sept pièces d'après J. Bol.
en forme de frises. Belles épreuves.

GAVARNI

47. — Les Débardeurs, suite complète de
66 planches coloriées (M. et E. B. 486-542)
— Politique des Femmes, suite complète
de 20 planches (1180) — Impressions de
ménage, 25 pl. — Impressions de ménage,
2ᵉ série, 25 pl. Ensemble cent trente-six
pièces montées sur onglet en 1 vol. in-4,
demi rel.

48. — Les Lorettes, 75 planches (sur 79, manque
pl. 76 à 79) — Baliverneries parisiennes,
suite complète de 24 pl. ensemble quatre-
vingt-dix-neuf pièces montées sur onglet
en 1 vol. in-4 demi rel.

49. — Carnaval, suite de 50 pl. (manque la
pl. 5) — Le Parfait créancier, suite complète de 10 pl. — Gentilshommes bour-
geois, suite complète de 3 pl. — Faits et
gestes du propriétaire, suite complète de
6 pl. — Affiches illustrées, suite complète
de 6 pl. — Éloquence de la chair, 17 pl.
Des Mères de famille!, suite complète de
5 pl. — Les Parents terribles, 1 pl. — Les
Patrons, suite de 2 pl. Ensemble quatre-
vingt-dix-neuf pièces montées sur onglet
en 1 vol. in-4 dem. rel.

50. — Les Artistes, suite de 16 pl. (manque la
pl. 1), en 1 alb. cart., avec couverture :
L'Album divertissant.

51 . — Album comique contenant : Chemin de Toulon, suite complète de 10 pl. — Affiches illustrées, 6 pl. — Leçons et Conseils, Les Patrons, 7 pl. soit vingt-trois pièces en 1 vol., broché, couv.

52. — *La Correctionnelle, petites causes célèbres, études de mœurs populaires... accompagnées de cent dessins par Gavarni.* Paris. Martinon, 1840 — 1 vol. petit in-4, dem. rel. coins.

GERARD (d'après Mme)

53. — L'Heure du Rendez-vous, par H. Gérard. Très belle épreuve.

54. — *Je m'occupais de vous*, par G. Vidal. Belle épreuve.

GREUZE (d'après J. B.)

55. — Jeune fille pleurant son oiseau mort, par J. J. Flipart. Très belle épreuve signée au verso par le peintre et le graveur.

HOPPNER (d'après J.)

56. — Mrs Benwell, par W. Ward, 1785 (S. 7). Belle épreuve, sans marge.

HUET (d'après J. B.)

57. — Le Goûter champêtre, par Jubier. Très belle épreuve, *impr. en couleurs*.

58. — Le Repas des Vendangeurs, par J. A. Léveillé. Belle épreuve imp. en couleurs (le titre coupé).

59. — Le jeune Berger — Le Troupeau. Deux
pièces par DEMARTEAU, faisant pendants. Très
belles épreuves tirées en deux tons.

60. — Le Midi — L'Après-Midy — Le Soir. Trois
pièces formant série, par L. BONNET. Belles
épreuves imp. en couleurs.

ISABEY D'APRÈS J. B.)

61. — Vue de St-Cloud du côté du Parc. Très
belle épreuve coloriée d'une intéressante
planche de l'époque du 1er Empire. Rare.

JANINET (J. F.)

62. — Offrande à l'Amour, d'après LAGRENÉ LE
JEUNE. Superbe épreuve *imp. en couleurs.*

JEAURAT (d'après Étienne)

63. — L'Amour coquet — L'Amour petit Maître.
Deux pièces par EDM. JEAURAT, faisant
pendants. Très belles épreuves.

LAMI (Eugène)

64. — La Vie de Château, 1re série, 1828 et
2e série, 1833, soit vingt planches. Très
belles épreuves coloriées, dans le cart. de
publication.

LANCRET (d'après N.)

65. — Les Amours du bocage, par N. DE LARMES-
SIN (E. B. 8. Superbe épreuve.

66. — Grandval, par J. P. LE BAS (38). Très belle
épreuve avec un cache sur les dates.

67. — La Musique champêtre, par Fessard. (52).
Très belle épreuve avec la 1re adresse.

68. — Le Glorieux — Le Philosophe marié (37 et
61). Deux pièces par C. et N. Dupuis, faisant pendants. Très belles épreuves, la
seconde avec la faute.

69. — Les Saisons, par N. de Larmessin (E. B. 13,
30, 39 et 63). Suite complète de quatre
pièces. Superbes épreuves de 1er état à toutes
marges.

LANCRET et PETER (d'après)

70. — Les Aveux indiscrets — Le Glouton —
Nicaise — A Femme avare galant escroc.
Quatre pièces par N. de Larmessin et
Filloeul. Très belles épreuves.

LAVREINCE (d'après N.)

71. — Le Billet doux — Qu'en dit l'Abbé ? Deux
pièces par N. de Launay, faisant pendants
(E. B. 10 et 51). Superbes épreuves à toutes
marges : très rare dans cette condition.

72. — La Comparaison, par F. Janinet, 1786 (E.
B. 12). Superbe épreuve *impr. en couleurs*,
grandes marges.

73. — L'Indiscrétion, par F. Janinet. Très belle
épreuve *impr. en couleurs*, marges.

74. — Nina (Mme Dugazon,) par Colinet (41). Très
belle épreuve tirée en deux tons.

75. — Les Sabots, par J. Couché (57). Superbe
épreuve *avant la dédicace*, à toutes marges.
Très rare dans cette condition.

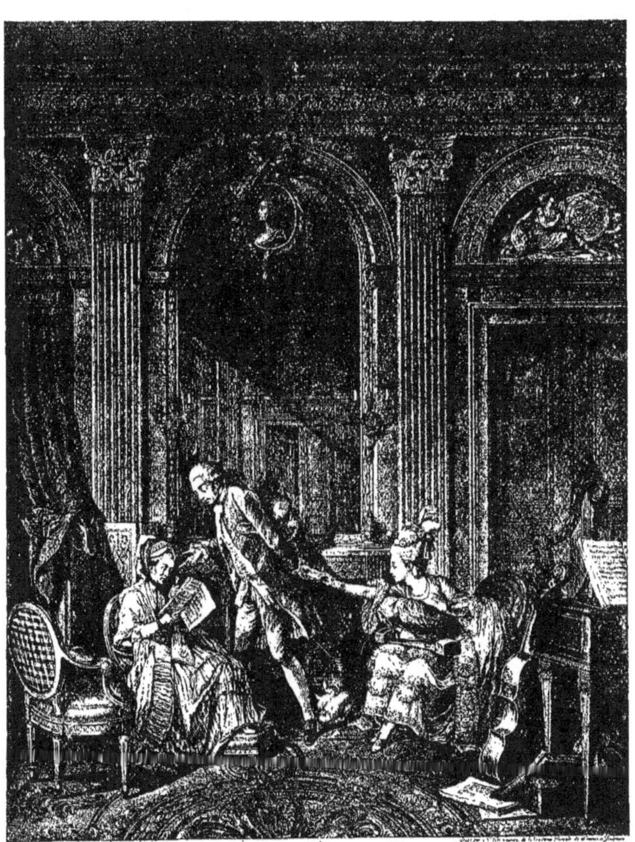

LE BILLET DOUX
Dédié à Monsieur Menage de Prescigny, Conseiller Fermier Général de Sa Majesté.

LÉPICIÉ et AUBRY (d'après)

76. — Ménage des bonnes Gens — Correction ma-
ternelle. Deux pièces in-fol., par, DE LON-
GUEIL, faisant pendants. Superbes épreuves.

LE PRINCE (d'après J. B.)

77. — L'Agréable nouvelle — Les Plaisirs de la
solitude. Deux pièces par L. MARIN (BON-
NET), faisant pendants. Belles épreuves impr.
en couleurs.

LEPRINCE (Xavier)

78. — *Inconvéniens d'un voyage en diligence*
— Paris, GIHAUT, 1826. Suite complète de
douze pl. coloriées (déchirures à plusieurs
pl.) en 1 alb. in-4, cart.

LEROY (d'après)

79. — Coucou, par P. BELJAMBE. Ovale in-fol.
Très belle épreuve.

LIOTARD (J. F.

80. — Liotard (J. F., par lui-même. Belle épreuve.
Rare.

LONDERSEEL (Assuérus van)

81. — *Venationis piscationis et aucupii typi*.
titre et sept pièces. Très belles épreuves.

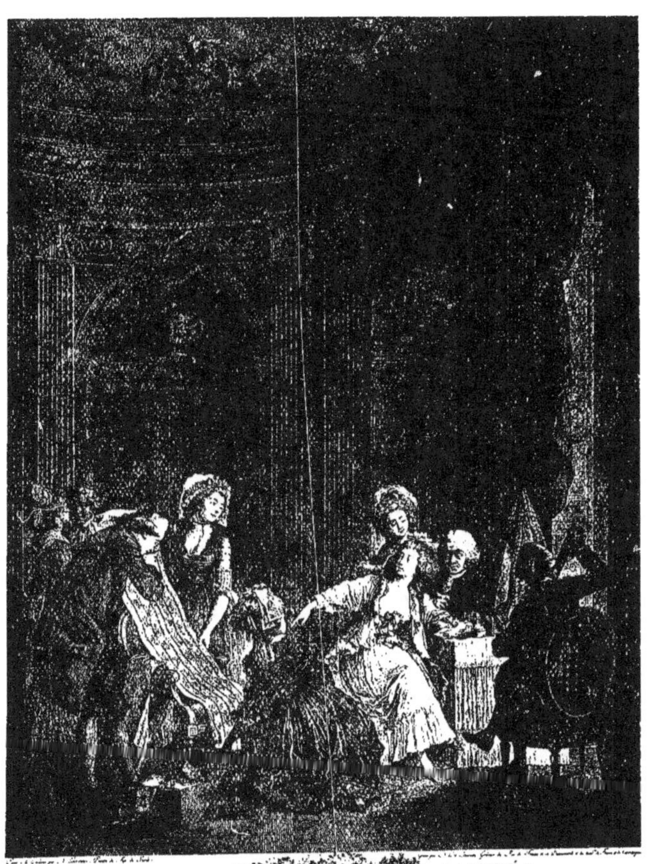

QU'EN DIT
L'ABBÉ ?
A Madame
La Comtesse d'Ogny

MICHEL (J. B.)

82. — Clairon (Mlle, d'après POUGIN DE St-AUBIN
— Préville (Dubus de). Deux pièces. Très
belles épreuves.

MIGER (S. C.)

83. — Geoffrin (Mme). Très belle épreuve *avant la
lettre*.

MORET (J. B.)

84. — La Diseuse de bonne aventure, d'après
PASQUIER. Belle épreuve *impr. en couleurs*.

MORLAND (d'après G.)

85. — *The Elopement*, par BARTOLOTI. Belle
épreuve tirée en bistre.

PATER (d'après J. B.)

86. — Les Plaisirs de la jeunesse: Colin-Maillard
— Le Concert amoureux — La Conversa-
tion intéressante — La Danse. Suite de
quatre pièces in-fol., par FILLŒUL. Superbes
épreuves.

PETHER (William)

87. — La Continence de Bayard, d'après PENNY.
1770. Très belle épreuve du 1er état, *avant
la lettre*.

PILLEMENT (Jean)

88. — *Recoeil de fleurs de Caprice inventé et dessiné par jean pillement.* Titre et quatre planches. Très belles épreuves en cahier.

PORTMAN (L.)

89. — Tableaux de l'habillement, des mœurs et des coutumes dans la République batave au commencement du xix⁰ siècle — Amsterdam s. d. (1805), 1 vol. gr. in-8, frontispice et 16 pl.

PUJOS (d'après)

90. — Beaumenil (Mᵘᵉ), par G. VIDAL. Belle épreuve.

RÉVOLUTION et l'EMPIRE (Estampes relatives à la)

91. — Café des Incroyables, planche signée : *an 1797 R. L. L. inv.* Très belle épreuve. Rare.

92. — Le Contraste, par AUVRAY, d'après LE CLERC. In-fol. Très belle épreuve à toute marges.

93. — *Les Incroyables — H! a quel vent! c'est incroyable.* Deux curieuses pièces coloriées. Rares.

94. — La Constitution lue au peuple français. Belle épreuve.

95. — Testament de Louis XVI, publié par BANCE aîné. Très belle épreuve à toutes marges.

96. — L'Oracle consulté — Le Riche du jour ou le prêteur sur gages. Deux pièces in-fol., par JULIEN et GUYARD. Très belles épreuves à toutes marges.

97. — *Époque du 30 floréal l'an 5 de la République Française — Manifeste pour l'auguste maison Austro-Loraine* — Le Meâ culpâ du pape. Trois pièces. Très belles épreuves à toutes marges.

98. — *George se dépitte et signe enfin la paix générale — La tyrannie révolutionnaire écrasée par les amis de la Constitution de l'an III*, par MASSOL — *Les dégraissés donnant la pelle au c.. au dégraisseur — L'Empereur dégraissé, Jusqu'aux Reins...* Quatre pièces. Très belles épreuves.

99. — *C'est Incroyable, vingt-trois mille prisonniers — L'Impayable Rentier de l'État — Ils l'ont pri il faut le rendre — Vieux Rentier et Vieux Fonctionnaire...* Quatre pièces. Très belles épreuves à toutes marges.

100. — L'Age d'or et l'Age de fer — Cri-Cri Français — La Paix papale — Le Coq-à-l'ane — La Coalition. Cinq pièces. Très belles épreuves.

101. — *M.·. R L'Ane comme il n'y en a point — La Pelle au c.. — Lequel faut-il donner? — Il prit, quitta, reprit le Cilice et la herre — Mandile agraffe...* Cinq pièces. Très belles épreuves.

102. — Chacun son tour — Les Arts pa-tenté par le décret, an 5 — Le Grand Ordre du jour... — Souper du diable — Indigestion du diable — Le Jacobin royaliste. Six pièces. Très belles épreuves.

103. — *Napoléon le Grand et Marie Louise unis par le Génie de la Paix*, par GIRARD, d'après BOIZOT — *...son nom paraîtra dans la Race future.* Deux pièces. Très belles épreuves, la seconde coloriée.

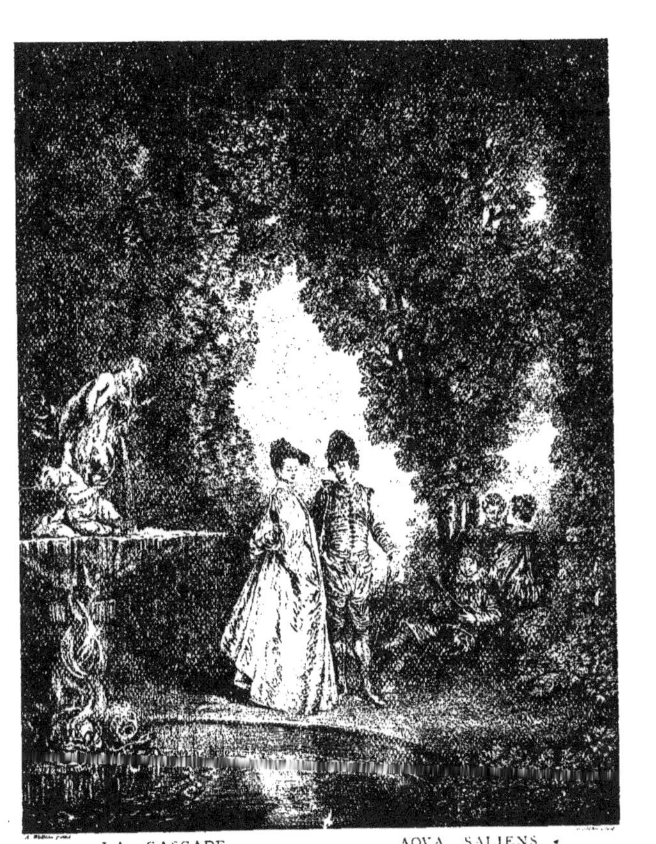

LA CASCADE.
Gravé d'Après le Tableau original peint par
Watteau, de mesme grandeur

AQVA SALIENS
Sculpta juxtà Exemplar Eiusdem magnitudinis
à Watteavo Depictum

RUSSELL (d'après J.)

104. — *The favorite rabbit — Tom and his pidgeons*. Deux pièces par C. Knight, 1797, faisant pendants. Belles épreuves *impr. en couleurs*.

SCHENEAU (d'après J. E.)

105. — Pompadour (Mme de), par LITTRET, 1764. Belle épreuve.

106 — La Naissance des désirs — L'Innocence vengée. Deux pièces par MESNIL, faisant pendants. Superbes épreuves.

SCHUPPEN (P. van)

107. — Médaillon de Louis XIV soutenu par le Temps et entouré de figures allégoriques, (pour une thèse ?) In-fol. Très belle épreuve.

SERGENT-MARCEAU (A. F.)

108. — Autriche (Charles-Louis, archiduc d'Autriche, 1797). Superbe épreuve *impr. en couleurs*.

TCHEMESOFF (E.)

109. — Paul Petrovitch, 1763. In-fol. Belle épreuve. Rare.

WATTEAU (d'après Ant.)

110. — La Cascade. par G. SCOTIN. Superbe épreuve.

111. — Le Dénicheur de Moineaux, par F. BOU-
CHER. Très belle épreuve.

112. — La Game d'amour, par J. P. LE BAS. Très
belle épreuve.

113. — Le Vendangeur par J. MOYREAU — Arle-
quin, par L. CREPY fils. Deux pièces in-fol.
Superbes épreuves à grandes marges.

114. — Le Printemps — L'Automne — L'Hiver.
Trois pièces par BRILLON, AUDRAN et DE
LARMESSIN. Belles épreuves.